ハートのレオナ

さく MISIA　え 大宮エリー

レオナはライオンの女《おんな》の子《こ》。

パパライオンとママライオン、お姉《ねえ》ちゃんと妹《いもうと》たち、家族《かぞく》みんなでケニアのサバンナに住《す》んでいます。

人間《にんげん》には、どのライオンも同《おな》じように見《み》えるかもしれないけれど、そんなことはないんですよ。

それぞれ、体《からだ》のもようも、色《いろ》も、ちがうんです。

せいかくだって、ちがうんです。

ほら、レオナのおでこには、ハートのもよう。

だからみんなに「ハートのレオナ」ってよばれています。

自分《じぶん》でも、なかなか気《き》に入《い》っているんですよ。

いちばんのなかよしは、ペリカンのムワリ。

ペリカンはわたり鳥《どり》。きせつによって住《す》む場所《ばしょ》をかえます。だからムワリには、アフリカのあちこちに、た〜〜くさんの友《とも》だちがいるんです。

そんなムワリから聞《き》くアフリカの話《はなし》が、レオナは、だ〜い好《す》き。

ある日《ひ》、レオナはムワリに打《う》ち明《あ》けました。

「わたしもムワリみたいに、アフリカを旅《たび》したい！」

すぐに出《で》かければ、その日の夕方《ゆうがた》には帰《かえ》ってこられると思《おも》ったのです。けれど…、

「ムリだよ！　アフリカはと〜っても広《ひろ》いんだ。50以上《いじょう》の国《くに》があるんだよ！」

と、ムワリが言《い》うから、レオナはびっくり。

そこでレオナとムワリは作戦会議《さくせんかいぎ》をして、３日後《みっかご》の夜明《よあ》けに、出発《しゅっぱつ》することに決《き》めました。

出発《しゅっぱつ》の日《ひ》。

家族《かぞく》のみんなが、きれいなカンガをおくってくれました。カンガはケニアやタンザニアでつくられているカラフルな布《ぬの》です。

体《からだ》にまいて服《ふく》にしたり、荷物《にもつ》を運《はこ》ぶいれ物《もの》にしたり、しき物にしたり、頭《あたま》からかぶって日《ひ》よけにしたり。とってもべんりなんですよ。

アフリカの人々《ひとびと》の生活《せいかつ》の中《なか》で、この布は大《だい》かつやく！

このおくり物にレオナは大《おお》よろこび。じつは、レオナたちがほしがっていることを知《し》って、みんながさがしてくれたのです。

これをどうするかって？

レオナたちの作戦《さくせん》は、こうです。カンガの四《よ》すみをむすんだら、ムワリがくわえます。その中にレオナが入《はい》って、空《そら》を飛《と》んで旅《たび》をするのです。ステキでしょう？

カンガが見《み》つかるまで、レオナは歩《ある》いてアフリカを旅しようと思《おも》っていました。本当《ほんとう》によかったですね。

「うわ〜〜！　お空《そら》からみんなのことがよく見えるよ！　それじゃあね、みんな。いってきま〜す！」

タタタ　タンタン　タタタ　タンタン
楽《たの》しそうな音《おと》が聞《き》こえてきました。

「レオナ、見《み》て！　人間《にんげん》たちが太鼓《たいこ》をたたいて、歌《うた》って踊《おど》っているよ」

レオナは、人間をこんな間近《まぢか》で見るのははじめて。きょうみしんしんです。

ムワリが言《い》います。
「《音楽《おんがく》があるところに戦《たたか》いはない》
前《まえ》に村長《そんちょう》さんが教《おし》えてくれた言葉《ことば》さ。
ケニアには40以上《いじょう》の民族《みんぞく》がいてね、太鼓や文化《ぶんか》だけじゃなく言葉もちがうのさ。でも、音楽が言葉のかわりになって心《こころ》と心をつなげてくれる。
ステキだよね」

「本当《ほんとう》だね！」

太鼓の音は、
《うれしいね、楽しいね、幸《しあわ》せだね》
そんな気持《きも》ちをつたえているようだと、レオナは思《おも》いました。

旅《たび》のはじまりを、太鼓にお祝《いわ》いされた気《き》がして、レオナのハートはさらに、ドキドキ、ワクワクしてくるのでした。

マサイの人《ひと》がくらす村《むら》が見《み》えてきました。

ここはンゴロンゴロ。ケニアのとなりのタンザニアにあるちいきです。

「マサイの人は、ケニアにもくらしているから、レオナは知《し》っているよね？」

と、ムワリはレオナに聞《き》きました。

「もちろん！　ビーズでできたアクセサリーをして、服《ふく》もすごくきれいだよね！」

マサイは、牛《うし》やヤギなどとくらす遊牧民《ゆうぼくみん》です。

遊牧民というのは、飼《か》っている動物《どうぶつ》たちがしんせんな草《くさ》を食《た》べられるように、少《すこ》しずつ場所《ばしょ》をいどうしながらくらす人のことをいいます。

いどうした先《さき》でも、自分《じぶん》たちで家《いえ》をたて、畑《はたけ》もたがやします。マサイの人は、生《い》きていくためにひつようなものはすべて、自分たちで作《つく》ったり、育《そだ》てたりしているのです。

「食事《しょくじ》は飼っている牛やヤギのミルクが中心《ちゅうしん》。牛から少しの血《ち》をもらってかためて食べることもあるよ。牛の命《いのち》を殺《あや》めずに、食《た》べ物《もの》をえる知恵《ちえ》なんだって」

と、ムワリ。

「人間《にんげん》と自然《しぜん》と動物が、じょうずにいっしょにくらしていく方法《ほうほう》があるんだ！」

レオナのハートは、ハッとしました。

「ンゴロンゴロ！　ンゴロンゴロ！」

レオナはすっかり、ンゴロンゴロという地名《ちめい》のひびきが気《き》に入《い》ったよう。さっきからずっと、つぶやいていますよ。

ンゴロンゴロには、レオナやムワリのような野生動物《やせいどうぶつ》がたくさんいます。きせつによっては、ケニアからもたくさんの野生動物がやってきます。

「命《いのち》には国境《こっきょう》がないからね。この大地《だいち》も、海《うみ》も、空《そら》も、命のふるさとだもの。レオナも、旅《たび》をつづけると世界《せかい》はひとつと気《き》づくと思《おも》うよ。空から見《み》てると、よくわかるんだ」

ムワリに言《い》われて、レオナも気づきました。

「ほんとうだ。おんなじ空の下《した》、いっしょに生《い》きているね」

「そうだ、レオナ。アフリカの《ビッグ5《ファイブ》》って知《し》ってる？ライオンとゾウとバッファロー、それにヒョウとサイだよ！」

「ライオンも入《はい》っているのね！」

レオナはうれしくて、がお〜っとさけびたい気分《きぶん》になりました。けれどムワリがおどろくと思《おも》って、がまん、がまん。もちろん心《こころ》の中《なか》では、「がお〜」っと、パパライオンのマネをしていましたけどね。

レオナのほこらしげな顔《かお》に、おでこのハートまでが、まるで「えっへん！」と言っているようで、ムワリはちょっとわらってしまいました。

ムワリは大《おお》きな湖《みずうみ》のほとりにおり立《た》ちました。タンザニアの南《みなみ》、マラウイという国《くに》のマラウイ湖《こ》です。たくさんのサルや鳥《とり》たちで、とてもにぎやか。

ムワリは、近《ちか》くのサルに声《こえ》をかけました。

「やあ、モンキーベイ！　これからポレポレハウスに行《い》きたくてね。キミに案内《あんない》をたのみたいんだ」

「お安《やす》いごようさ！」

モンキーベイは、ひょいっと、ムワリのせなかに飛《と》び乗《の》りました。

この場所《ばしょ》がモンキーベイという地名《ちめい》だから、ムワリはかれのことをモンキーベイとよぶようになったんですって。

「ねえ、モンキーベイ、ポレポレハウスってどんなところ？」

レオナがたずねると、モンキーベイが教《おし》えてくれました。

「親《おや》をなくした子《こ》どものめんどうをみている場所だよ。マラウイはね、平和《へいわ》な国なんだけれど、エイズなどのこわい病気《びょうき》で親をなくした子どもが、たくさんいるんだ」

ムワリも言《い》いました。

「でもそれは、マラウイだけじゃないんだよ。アフリカには、そんな子どもたちが、おおぜいいるんだ」

「そうなんだ。わたし、ぜんぜん知《し》らなかった…」

レオナは、ハートがズキズキといたむのを感《かん》じました。

ポレポレハウスに着《つ》くと、たくさんの子《こ》どもが集《あつ》まって、なにやら大人《おとな》の話《はなし》を聞《き》いていました。

「いいかい？　マラリアは、ハマダラ蚊《か》という蚊にさされることで感染《かんせん》する病気《びょうき》だよ。たか〜い熱《ねつ》が出《で》て、頭《あたま》がいた〜くなって、むかむかとはき気《け》がして、ひどいときには命《いのち》を落《お》としてしまう、こわ〜い病気なんだ」

マラリアにならないためには、蚊にさされないようにすることが大切《たいせつ》です。

大人は蚊帳《かや》の使《つか》い方《かた》を教《おし》えた後《あと》、子《こ》どもたちにひとつずつ蚊帳を配《くば》りました。

蚊帳はネットでできていて、そのネットのあみ目《め》は小《ちい》さく、蚊が通《とお》りぬけられないようになっています。

むかしから蚊の多《おお》いちいきでは、蚊帳の中《なか》ですごしたりねむったりしていました。いまでは蚊帳がマラリア予防《よぼう》の役《やく》に立《た》つことがわかり、アフリカじゅうで使われています。

マラウイだけでなく、アフリカでは、マラリアでたくさんの子どもが命を落としています。

モンキーベイは言《い》います。

「ポレポレハウスでは、マラリアから身《み》を守《まも》る方法《ほうほう》を、お父《とう》さんやお母《かあ》さんの代《か》わりに子どもたちに教えているんだ。それだけじゃない。宿題《しゅくだい》を見たり、おなかがへっている子には食事《しょくじ》をさせたり。子どもたちの力《ちから》になる大人がたくさんいるよ」

「いろんな大人《おとな》が子《こ》どもたちのために、集《あつ》まっているのね」

「そうだよ」

モンキーベイは、ポレポレハウスの園長《えんちょう》先生《せんせい》の言葉《ことば》を教《おし》えて
くれました。

《わたしは裕福《ゆうふく》ではないわ。
でも子どもたちのためにできることがあるの。
話《はなし》を聞《き》いたり、
人生《じんせい》のアドバイスをしたり、
だきしめることもできる。

ラブイズフリー

愛《あい》は売《う》ることも買《か》うこともできない。
でもだれもが持《も》っているものでしょう。
愛をあげることができるの》

「愛は人《ひと》にあげてもへらない。むしろ分《わ》け合《あ》うほどにふえていくものなんだね」

レオナのハートは、愛であふれていきました。

モンキーベイにさよならをして、レオナとムワリはアフリカのいちばん南《みなみ》、南アフリカにやってきました。みどり色《いろ》にかがやく大《おお》きな畑《はたけ》が広《ひろ》がっています。

「これはルイボスという植物《しょくぶつ》」

と、ムワリ。

「ルイボスティーという赤《あか》いお茶《ちゃ》の畑《はたけ》さ」

ルイボスは、南アフリカだけで育《そだ》つ植物です。南アフリカ以《い》外《がい》の場《ば》所《しょ》で育《そだ》てようと、たくさんの人《ひと》がちょうせんしましたが、環境《かんきょう》があわないのか育ちません。

「ここでしかとれないお茶だけど、世界《せかい》じゅうの人間《にんげん》たちがおいしく飲《の》んでいるんだよ」

「この国《くに》のものを、ちがう国の人も飲んでいるの？」

「うん。ちがう国に、ルイボスを輸出《ゆしゅつ》しているのさ」

自分《じぶん》の国に足《た》りないものをよその国から買《か》ってくることを輸《ゆ》入《にゅう》。ぎゃくに、自分の国でとれたものや作《つく》ったものをよその国に売《う》ることを輸出といい、このことを貿易《ぼうえき》といいます。

「自分の国にないものを、ほかの国から運《はこ》んでくるわけだから、世界はおたがいに助《たす》け合《あ》って生《い》きているともいえるね」

と、ムワリ。

レオナは、

「国と国が助け合って、世界じゅうでつながっているんだ」

と、知《し》りました。

「会《あ》わせたい友《とも》だちがいるんだ」

と言《い》って、ムワリがレオナをつれてきたのは、海岸《かいがん》です。あたりには、海《うみ》で泳《およ》ぎ、すなはまを歩《ある》く、黒《くろ》と白《しろ》のツートンカラーの生《い》き物《もの》がたくさん。

「かれらはペンギン。飛《と》べないけど、ぼくと同《おな》じ鳥《とり》のなかまさ。あそこにいるのは、友だちのボーダーズ。お―――い!!」

ムワリがよぶと、よってくるペンギンがいました。

「やあ、ムワリ、ひさしぶりだね！　今日《きょう》は海に行《い》くといい。かれらに会えるよ！」

「そいつはステキだ！　ボーダーズありがとう！」

ムワリはレオナをつれて海へと飛び立《た》ちました。

しばらく飛ぶと…。

ザパーーン！

海の中《なか》からきょだいな生き物が飛び出《で》てきました。

「レオナ、クジラだよ！　あ、あそこには、オットセイも!!」

「わーーー！　すごい！　すごい!!」

レオナは、大《だい》こうふんです！

海にも同じ動物《どうぶつ》のなかまがいるなんて、旅《たび》に出なければ知《し》ることも出会《であ》うこともできなかった。そうレオナは思《おも》いました。

レオナのハートは感動《かんどう》でいっぱいです。

レオナとムワリの旅《たび》は、まだまだつづきます。

アフリカの西《にし》のはじっこ、セネガルにやってきました。

おや、レオナとムワリは、大きなバオバブの枝《えだ》にすわっていますよ。樹齢《じゅれい》８００年《ねん》以上《いじょう》の、バオバブの長老《ちょうろう》とおしゃべりしています。

「バオバブはアフリカで、とても身近《みぢか》で神聖《しんせい》な木《き》なのじゃよ。木の実《み》は食《た》べることもできるし、タネからは油《あぶら》も取《と》れる。皮《かわ》は、薬《くすり》やロープとしても使《つか》えるのじゃ」

「サルたちが実を食べているのをよく見《み》るよ」

とムワリ。

「ワシもじゃが、みきの中《なか》がくうどうになっておるものもおってな。そこに、いろんな生《い》き物《もの》も住《す》んでおる。バオバブにかぎらず大《おお》きな木は、ほかの生き物にとって人間《にんげん》が言《い》うところの、ここちのいいマンションみたいなものじゃな」

「バオバブの長老。この枝の上《うえ》だって、ここちいいわ！」

とレオナ。すると長老は言いました。

「きみたちはワシを長老とよぶが、なかまには２５００年以上も生きたものもおる。ワシはまだ若造《わかぞう》じゃ。ワッハハハ！」

わらい声《ごえ》に合《あ》わせるように、長老の葉《は》っぱが風《かぜ》にふかれ、枝ごとワサーワッサササーっと大きくゆれました。レオナもムワリも楽《たの》しくって、いっしょにワッハハハ！とわらいました。

タラン　タッタタ　タラン　チャッチカ
タカタカ　タカタカ

遠《とお》くに太鼓《たいこ》をたたいている人《ひと》たちが見《み》えてきました。手《て》と細《ほそ》い木《き》の枝《えだ》で太鼓をたたいていて、ケニアでの太鼓の音《おと》とは、またちがうみたい、とレオナは思《おも》いました。

「あれはサバールという太鼓だよ。よし、近《ちか》くにおりてみよう」

ムワリはつばさを大《おお》きくム〜ワリと広《ひろ》げました。

サバールはグリオという人たちにだけ、受《う》けつがれてきた、とても神聖《しんせい》な太鼓。グリオは伝統音楽《でんとうおんがく》を受けつぐ人たちです。

太鼓や楽器《がっき》のしゅるいは、ほかにもたくさんありますが、ひとつの家族《かぞく》に、ひとつの楽器が受けつがれる決《き》まりです。太鼓や楽器ではなく、歌《うた》を受けつぐグリオの家族もいます。

「太鼓に7つのくいがささっているだろう？　くいは7つの大陸《たいりく》と海《うみ》を意味《いみ》しているんだ。太鼓自体《じたい》がこの世界《せかい》を表《あらわ》していてね。だからサバールの音には、力《ちから》があるといわれているのさ」

「本当《ほんとう》だ。なんだか力がわいてきた！
ああ、踊《おど》りたくなっちゃう！」

レオナとムワリは太鼓のリズムに合《あ》わせて踊りだしました。

どのくらい時間《じかん》がたったでしょうか。気《き》づくと、美《うつく》しいピンクの鳥《とり》がいっしょに踊っています！　レオナはびっくり！

「あなたは、だあれ？」

「わたくしはフラミンゴのピンクといいますの。今日《きょう》は、村《むら》にポンプ式《しき》の《井戸《いど》》ができたことをお祝《いわ》いするお祭《まつ》りがあると聞《き》いて、飛《と》んできたのですわ。ムワリ、おひさしぶり！」

さすがムワリ、お友《とも》だちが多《おお》いですね。レオナはピンクに聞《き》きました。

「お祭りだからサバールの演奏《えんそう》をしていたのね。ところで、イド？　それは、なあに？」

ピンクは、井戸のある場所《ばしょ》へ、レオナとムワリを案内《あんない》しました。井戸というのは、地面《じめん》をほって地下水《ちかすい》をくみあげるもののことです。

ピンクが説明《せつめい》します。

「これは人間《にんげん》が手《て》でほった井戸ですわ。バケツで水《みず》をくみあげる、むかしながらの井戸ですの」

レオナはおそるおそる、あなのそこをのぞきこみました。

「あ、水がわいてる！」

「もっとよ～くごらんになって。地面から落《お》ちた土《つち》やゴミで、水がにごっているでしょう？　どろやゴミの入《はい》ったよごれた水を飲《の》むと、おなかをこわしたり、病《びょう》気《き》になったりするんですのよ」

それはたいへんだとレオナは思《おも》いました。

「落っこちそうで、ちょっとこわいですわよね」

「うん…」

次《つぎ》にピンクは、レオナとムワリをべつの井戸へ案内しました。

「こちらはポンプ式《しき》。きかいで深《ふか》いところまでほった井戸《いど》なんですの。ポンプ式は、しっかりとフタがされていて落《お》ちる心配《しんぱい》がありませんの。なによりも水《みず》はキレイなままなんですのよ」

ほるあなが深いほど、きれいな水が手《て》に入《はい》ります。

ムワリとピンクがポンプをおすと、とてもキレイな水が、いきおいよく出《で》てきました。

「おいしい！」

ゴクゴク ゴクゴク。レオナはむちゅうで飲《の》みました。

水道《すいどう》や井戸がない場所《ばしょ》では、川《かわ》や遠《とお》くの井戸まで水をくみに行《い》かなければなりません。水くみはたいへんな力仕事《ちからしごと》ですが、家族《かぞく》の中《なか》では子《こ》どもの仕事です。それも、女《おんな》の子の仕事。

大《おお》きな水タンクをかかえて、多《おお》い子は1日《いちにち》6時間《ろくじかん》以上《いじょう》も水くみに時間をついやします。そのために、学校《がっこう》に行けない女の子がおおぜいいるのです。

「井戸のおかげで、水くみの仕事からかいほうされて、これからは女の子たちも学校に行くでしょう。わたくしは、女の子も、世界《せかい》のことを知《し》らなくちゃ！と思《おも》っていますの。レオナちゃんのようにね」

ピンクはそう言《い》って、レオナにウィンクをしました。

レオナは少《すこ》しくすぐったい気持《きも》ちになって、おでこのハートをさわってウフフとわらいました。とてもうれしかったのです。

「女の子もかつやくできる世界になれば、ステキですわね！」

レオナとムワリは、ピンクにいろいろと教《おし》えてもらったお礼《れい》を言って、セネガルを旅立《たびだ》ちました。

セネガルからとなりのモーリタニアへ飛《と》ぶと、サハラ砂漠《さばく》が広《ひろ》がっていました。

サハラ砂漠はとても広大《こうだい》。モーリタニアからマリ、チュニジア、チャド、エジプト……。たくさんの国《くに》をまたいでいるのです。

マリではドゴンの人《ひと》たちの、お面《めん》をかぶり民族衣装《みんぞくいしょう》を着《き》て踊《おど》るすがたも見《み》ました。

エジプトでは、ピラミッドを見ました。大《おお》むかしに、人間《にんげん》が大きな石《いし》を積《つ》み上《あ》げてつくった、きょだいな遺跡《いせき》です。

近《ちか》くにはスフィンクスという、ライオンの体《からだ》と人間の顔《かお》をもった神聖《しんせい》なそんざいが、これもまた大きな石を重《かさ》ねてつくられたものが横《よこ》たわっていました。

「アフリカの国は、同《おな》じところなんてない、みんなちがう。ちがうけれど、つながっている！」

なんておくぶかいんだろう、とレオナは思《おも》いました。

「ねえ、ピンクさんが話《はな》していた学校《がっこう》ってどんなところ？」

レオナは気《き》になっていたことを、ムワリに聞《き》きました。

「つれていってあげるよ。もうすぐケニアだから、ナイロビに行《い》こうか」

ナイロビには、アフリカで2番目《にばんめ》に大《おお》きいといわれているキベラスラムがあります。

スラムというのは、まずしい人《ひと》の中《なか》でも、とくにまずしい人たちがくらす地域《ちいき》です。せまい場所《ばしょ》に、おおぜいがぎゅうぎゅうに住《す》んでいて、はんざいや病気《びょうき》で命《いのち》を落《お》とす人も多《おお》くいます。

スラムがあるのは、ナイロビだけではありません。世界《せかい》のあちこちの国《くに》の、いろんな都市《とし》にスラムはあるのです。たいへんなことも多いスラムですが、助《たす》け合《あ》ってくらしている人たちも多くいます。

たくさんの小《ちい》さなトタンの屋根《やね》が見《み》えてきました。キベラスラムです。

家《いえ》と家はすき間《ま》のないくらい、みっちりととなり合っていて、遠《とお》くまで、ず～っとつづいています。

「着《つ》いたよ」

ムワリは、子《こ》どもたちの歌声《うたごえ》がするたてものの屋根に、おり立《た》ちました。ジャンボ小学校《しょうがっこう》です。

「学校《がっこう》では、いろんなことを学《まな》ぶけど、そのひとつが文字《もじ》さ」

文字が読《よ》めれば、世《よ》の中《なか》のいろんなことがわかります。手紙《てがみ》やメールで、自分《じぶん》のことを遠《とお》くにいるだれかにつたえることもできます。

ムワリは、ある女性《じょせい》のことを話《はな》しはじめました。

「まずしくて学校に行《い》けなくて、きちんと文字を学べなかった女性がいたんだ。その女性の赤《あか》ちゃんが病《びょう》気《き》になって、薬《くすり》を飲《の》ませたかったけれど、文字が読めなくて、どの薬をあげたらいいかわからなくてね」

「その人《ひと》はどうしたの？」

心配《しんぱい》でレオナは聞《き》きました。

「なんとか薬を手《て》に入《い》れたよ。けれど、その薬を飲ませたら、赤ちゃんが死《し》んでしまったんだ」

「どうして!?」

「いれ物《もの》には《薬》ではなく《毒薬《どくやく》》と書《か》かれていたんだ。文字が読めたら、わかったのに…」

レオナは女性の気持《きも》ちを考《かんが》えると、悲《かな》しくなりました。

ムワリは言《い》います。

「学ぶことは、生《い》きていくことを助《たす》けることにもつながるのさ。苦《くる》しい生活《せいかつ》からぬけ出《だ》すためにも、みんな勉強《べんきょう》をがんばっているよ。それに学校には友《とも》だちもいるからね！」

まいにち学校でムワリに会《あ》えたら、とても楽《たの》しいんだろうなとレオナは思《おも》いました。

ムワリは、学校に通《かよ》うある少女《しょうじょ》から聞いた言葉《ことば》も教《おし》えてくれました。

《ものはなくなってしまったりぬすまれてしまうことがあったけれど学んだことはなくならなかった。ぬすまれなかった。一生《いっしょう》のざいさんになった》

「だから、いっしょうけんめい勉強しているんだね！」

レオナのハートはきぼうの光《ひかり》でいっぱいになりました。

「みんな、がんばってね！」

カンガの中《なか》から子《こ》どもたちを見《み》つめ、レオナは心《こころ》からのエールを送《おく》りました。

「さあ、レオナ。オルペジェタ自然保護区《しぜんほごく》へ行《い》こう。キタシロサイのスーダンに会うために」

目《め》の前《まえ》にはキタシロサイのスーダンが横《よこ》たわっています。

スーダンは南《みなみ》スーダンで生《う》まれましたが、小さいころ人間《にんげん》につかまり、アフリカをはなれ、チェコという北国《きたぐに》の動物園《どうぶつえん》につれていかれました。

「動物園では、人間はわしらを見《み》てよろこんでおったし、やさしくしてくれたよ。しかし、チェコは寒《さむ》すぎた。あまりに南スーダンと環境《かんきょう》がちがって住《す》みづらくてのう…。わしらキタシロサイは命《いのち》をつなぐことができず、数《かず》がへってしまった」

南スーダンにもどりたくても、住める場所《ばしょ》がへったり、密猟《みつりょう》も多《おお》く行《おこな》われたことで野生《やせい》のキタシロサイは絶滅《ぜつめつ》。スーダンは命をつなぐために、少《すこ》しでも生まれ故郷《こきょう》に近《ちか》い場所へと、ケニアにつれてこられたのです。

「キタシロサイはいま、わしとむすめのナジンとまごのファトゥしか、この世界《せかい》に生《い》きていないのじゃ。もうすぐわしも、この世界とおわかれだろう。のこされるナジンとファトゥが心《しん》配《ぱい》でな…」

スーダンの目から、ポロリとなみだがこぼれました。

ムワリがレオナに教《おし》えます。

「ツノやキバが薬《くすり》になるとしんじている人《ひと》がいて、ほしがるから、密猟する人がいるのさ。そんな話《はなし》、めいしんなのに」

ペットにするためとか、そんな理由《りゆう》で密猟される動物もいます。ライオンをねらう密猟者《みつりょうしゃ》もいます。動物を守《まも》る人もいるのに次《つぎ》から次へと密猟者があらわれるのです。

「人間にぼくたち生《い》き物《もの》のことを、もっと知《し》ってほしい」

ムワリは悲《かな》しそうに、けれど強《つよ》く言《い》いました。

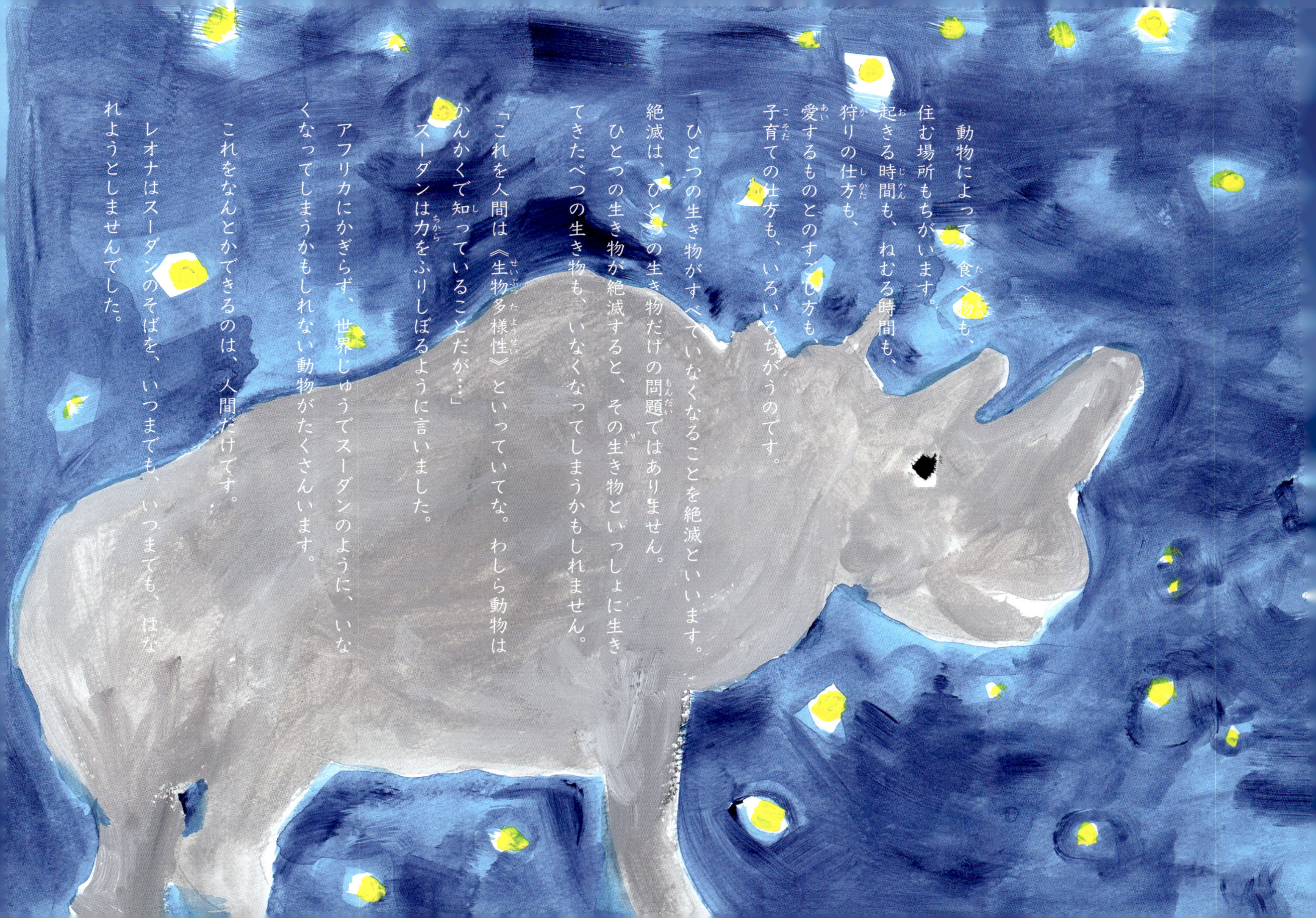

動物によって食《た》べ物《もの》も、住む場所もちがいます。起《お》きる時間《じかん》も、ねむる時間も、狩《か》りの仕方《しかた》も、愛《あい》するものとのすごし方も、子育《こそだ》ての仕方も、いろいろちがうのです。

ひとつの生き物がすべていなくなることを絶滅といいます。絶滅は、ひとつの生き物だけの問題《もんだい》ではありません。ひとつの生き物が絶滅すると、その生き物といっしょに生きてきたべつの生き物も、いなくなってしまうかもしれません。

「これを人間は《生物多様性《せいぶつたようせい》》といっていてな。わしら動物はかんかくで知《し》っていることだが…」

スーダンは力《ちから》をふりしぼるように言いました。

アフリカにかぎらず、世界じゅうでスーダンのように、いなくなってしまうかもしれない動物がたくさんいます。

これをなんとかできるのは、人間だけです。

レオナはスーダンのそばを、いつまでも、いつまでも、はなれようとしませんでした。

あたりはもう、まっ暗《くら》。スーダンと別《わか》れたあと、レオナとムワリは水辺《みずべ》に立《た》ちよりました。なみだでぬれた顔《かお》を洗《あら》うためです。

けれど、ムワリがレオナから、ほんの少《すこ》し目《め》をはなした、そのとき…。

バサッ！！！

人間《にんげん》です。

「つかまえたぞ！　ライオンの子《こ》どもだ！」

「高《たか》く売《う》れるぞ！　生《い》かしたままつれて帰《かえ》ろう」

レオナはらんぼうにふくろに入《い》れられ、車《くるま》に乗《の》せられ、オリにおしこめられました。

「どうしよう…。わたし、密猟者《みつりょうしゃ》につかまっちゃったんだ！」

レオナはひっしで、オリをかんだり体当《たいあ》たりしたりしました。
しかし、びくともしません
「ムワリはぶじかな？　けがをしてないといいけど…」
なみだがあふれそうです。
ダメダメ、わたしはライオン。
ハートのレオナよ。
くよくよしているひまはないわ。
にげる方法《ほうほう》を考《かんが》えるのよ。

レオナは気持《きも》ちをふるい立たせて、まわりを見《み》まわしました。
すると、血《ち》のついたゾウのキバやサイのツノが転《ころ》がっているのが目に入《はい》ったのです。
「この人《ひと》たち、スーダンたちを絶滅《ぜつめつ》の危機《きき》に追《お》いやったなかまなのね！　あったまきた！」

グルルルルルルル

心《こころ》のそこから、いかりがわき上《あ》がりました。

グルルルルルルルグルルルルルルル

「うるせえライオンだ！」
銃《じゅう》を持《も》った男《おとこ》が車をとめました。

「ガオオオオー!!」


「パパ！　パパ！　パパだ！」

パパライオンです。

パパライオンが助《たす》けにきたのです！


「わあぁぁ!!　ライオンがおそってきたぞ――っ!!」

「にげろ――――！！！」

密猟者《みつりょうしゃ》が、いちもくさんににげていきます。


「レオナ――!!」

ママライオンです！

お姉《ねえ》ちゃんと妹《いもうと》たちも！

ムワリもいます！


ガッシャーン！！！

バキバキバキバキ！！！


みんながレオナを助けるために、力《ちから》を合《あ》わせます。

車《くるま》をたおし、オリをこわしました。


レオナはうれしくてうれしくて、みんなと強《つよ》くだきあいました。

「みんな、助《たす》けてくれて、ありがとう！　ムワリ、みんなをよんできれくれて、ありがとう！」

ムワリはなきながら言《い》いました。

「そんなの、当《あ》たり前《まえ》だよ。ぼくたちは、みんなで助け合《あ》っていっしょに生《い》きているんだから」

「さあレオナ、おうちに帰《かえ》ろう」

パパライオン、ママライオン、お姉《ねえ》ちゃんと妹《いもうと》たち、みんながいっせいに言いました。もう夜明《よあ》けです。

みんなでサバンナをかけていきます。

地平線《ちへいせん》の向《む》こうから朝《あさ》がやってきて、朝つゆが太陽《たいよう》にはんしゃしてキラキラキラキラきれいです。サバンナが明《あか》るくなってきて、レオナのおでこのハートもハッキリ見《み》えます。

「みんな、だ――い好《す》きだよ!!」

レオナは、このけしきを一生《いっしょう》わすれないと思《おも》いました。

レオナのはじめての旅《たび》は、これでおしまいです。

たいへんなこともあったけれど、レオナはもう、次《つぎ》の旅に出《で》たいと言《い》っているんですよ。今回《こんかい》、旅をしたところは、アフリカのほんの一部《いちぶ》だからって。

ほら、また家族《かぞく》みんなに話《はな》しています。

「ムワリの旅が好《す》きな理由《りゆう》も、友《とも》だちをつくることが好きな理由も、よくわかったの！　知《し》ることって、いままで気《き》づかなかった幸《しあわ》せに気づくことでもあるのよ」

レオナの成長《せいちょう》に、パパもママもびっくりです。

「たくさんの場所《ばしょ》が、どんどん自分《じぶん》にとってとくべつな場所になって、そこに友だちがいると、もっととくべつな場所になって、どんどん幸せがふえていくの」

《山《やま》と山は会《あ》うことはできないが
人《ひと》と人は会うことができる》

みんながくれたカンガに書《か》かれていたケニアのコトワザです。カンガにはかならず、コトワザや教《おし》えが書いてあるのです。レオナは山じゃないから、いろんなものに出会《であ》えるね。

遠《とお》くにムワリが飛《と》んでくるのが見《み》えます。

「ねえムワリ、今度《こんど》はどこに行《い》こうか？　わたしアフリカが、だ〜い好きになっちゃった！　旅が、だ〜い好きになっちゃった！」

みんなのわらう声《こえ》がひびきます。サバンナにアフリカの風《かぜ》がやさしくふいて、レオナのおでこのハートをなでていきました。

あとがき

アフリカ大陸には、50以上の国がある。と、言うだけで、多くの方が驚きます。

アフリカを身近に感じて欲しい。データや歴史で語られるアフリカではなく、リアルなアフリカを知って欲しい。

そんな願いから、レオナちゃんの旅先はすべて、私がこれまで訪れた国にしました。レオナちゃんを連れて行きたい場所に思いを巡らせながら。

アフリカで触れた豊かな心も、レオナちゃんに伝えたくて、実際に私が経験したことを中心に物語を紡ぎました。

レオナちゃんのハートを通して、この絵本を読んだあなたにも、その心が伝わっていたら嬉しいです。

けれど、まだまだ伝えたいことがたくさんあります。

アフリカのサバンナに広がるプラネタリウムみたいな見渡す限りの星空。マサイの戦士の高い高いジャンプ。赤土をつけたアフリカゾウ。ゆっくりとサバンナを歩くキリンの姿。仲のよいダチョウの親子も、ヌーの大群も、ナミビアの幻想的な赤色のナミブ砂漠も、もっともっと見せたい。

2009 マリ

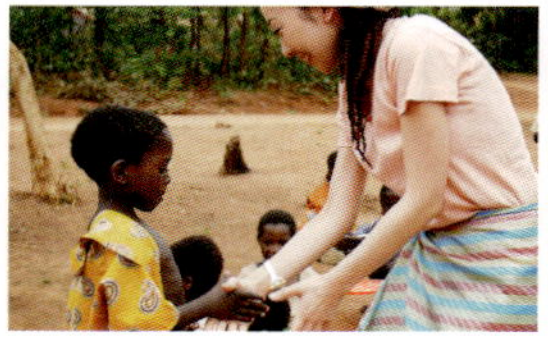
2008 マラウイ

2008 ケニア

2007 ケニア

2018 ケニア

2013 セネガル

2012 ナミビア

2010 南アフリカ

アフリカの色んな食べ物も食べさせたいし、絵本のなかで音楽はケニアとセネガルでしか登場しませんが、すべての場所に素晴らしい伝統音楽があり、その音楽も聞かせたい。

そして、文化のなかに息づく人々の心にも是非、触れて欲しい。

まだまだ行きたい国もあります。知りたいことがあります。レオナちゃんを連れて行きたい場所、た〜くさんあります。アフリカは広い、世界は広いのです。

世界を知ることは、大切なものに気づき、守っていくことに、きっとつながっていきます。

家族や仲間、誰かが誰かのことを想うこと。そんな人と人とがつながること、心と心がつながることから、私たちの幸せは生まれると思うんです。

この物語をハートのレオナちゃんに捧げます。レオナちゃんを通じて、世界中のハートがつながっていきますように…。

ねえレオナちゃん、今度はどこに行こうか？

２０１９年初夏　東京の空の下で

ＭＩＳＩＡ

特別付録

アフリカ 54か国紹介

カバーの裏側を見ながら読もう！

ここではアフリカ大陸の54か国をご紹介。この本のカバーの裏側に地図が描かれているので、ぜひ、カバーを外して、地図を見ながら読んでください。同じ大陸でも、歴史や気候によってさまざまな個性が生まれ、多種多様であることがわかります。日本とアフリカのつながりや関係がわかると、アフリカがもっと身近な存在になりますよ。(監修、参考資料等は巻末に記載)

001

ケニア共和国

首都：ナイロビ

人口：5100万人

言語：英語、スワヒリ語など

本書の主人公レオナが暮らす場所。首都ナイロビにはアフリカで2番目に大きいといわれるキベラスラムがある。東アフリカーの経済大国で、高層ビルが立ち並ぶナイロビシティのすぐ隣には、野生動物を保護している国立公園があるなど、豊かな自然と近代的な都市空間が共存している。ナイロビを含む高地帯は一年を通じて比較的冷涼。

002

タンザニア連合共和国

首都：ドドマ

人口：5910万人

言語：スワヒリ語、英語など

アフリカ最高峰キリマンジャロを擁する。本書に登場のンゴロンゴロはマサイと野生動物の共生を守る保護区でユネスコの世界自然遺産。英国から独立後は社会主義を掲げていたが経済が衰退し、80年代には自由主義経済に転換。民主化を進めた。近年は天然ガス田が発見され、世界から注目を集めている。人類発祥の地として知られている。

003

エチオピア連邦民主共和国

首都：アディスアベバ	
人口：1億750万人	
言語：オロモ語、ティグリニャ語、アムハラ語、英語など	

日本では長距離ランナーを数多く輩出していることと、コーヒーの原産地であることが知られている。首都アディスアベバは標高約2300mで、国土の大半が高地にある。アフリカ大陸では珍しく、20世紀初頭まで列強による植民地化を逃れ独立を貫いた。エチオピアンウルフなど貴重な野生動物も多数生息。主な宗教はエチオピア正教。

004

ジブチ共和国

首都：ジブチ	
人口：100万人	
言語：アラビア語、仏語、ソマリ語、アファル語など	

ソマリアの隣、紅海の入口に位置するジブチは、世界で最も暑い国として有名。地理的にアジアとアフリカを結ぶ重要な位置にあり、フランス植民地時代以降は交易の拠点として発展。標高がマイナス153mの超低地にあるアッサル湖は、イスラエルの死海よりも塩分濃度が高い塩湖。周囲で採取される岩塩は真珠のように丸い結晶をしている。

005

エリトリア国

首都：アスマラ	
人口：520万人	
言語：ティグリニャ語、アラビア語、英語、諸民族語など	

紅海に面し、南北に長い海岸線を持つ。エリトリアとはティグリニャ語で紅海の意味。93年にエチオピアから分離独立した。30年にわたる独立戦争の結果、経済は疲弊し、貧困に苦しむ人が多い。首都はイタリア植民地時代の建築物が並ぶ、世界遺産の街。フィルフィルの森は、アフリカ大陸で最北に位置する熱帯雨林で数多くの鳥が生息。

006

スーダン共和国

首都：ハルツーム	
人口：4150万人	
言語：アラビア語、英語など	

北部にはサハラ砂漠、南部には青ナイルと白ナイルがもたらす肥沃な大地が広がる。歴史的宗教的にエジプトやリビアに近く「アフリカでもあり、アラブでもある」というアイデンティティが根強い。56年に英国から独立したが、黒色人種の非アラブ系民族が多数を占める南部と激しい内戦へ。2011年に南部が南スーダンとして分離独立。

007

南スーダン共和国

首都：ジュバ

人口：1290万人

言語：ジュバ・アラビア語、英語、諸民族語など

2011年にスーダンから分離独立した、アフリカ大陸54番目の新しい国。2016年には首都ジュバで独立後初の全国スポーツ大会を開催。自衛隊と日本企業がグラウンドを整地した。貴重な野生動物の密猟など内戦による貧困がもたらす犯罪も多い。本書に登場したキタシロサイのスーダンは実在し、2018年3月13日にその命を終えた。

008

ウガンダ共和国

首都：カンパラ

人口：4430万人

言語：英語、ガンダ語、スワヒリ語など

赤道直下の内陸国だが高地にあるため、コーヒーや紅茶葉など農業が盛ん。近年は油田も発見され、経済発展の期待が広がっているほか、難民の受け入れ等地域の平和と安定に貢献。ブウィンディ原生国立公園では絶滅危惧種のマウンテンゴリラが400頭ほど生息。ルウェンゾリ山地のマルゲリータ峰の氷河の雪解け水がナイル川の源。

009

ルワンダ共和国

首都：キガリ

人口：1250万人

言語：英語、仏語、ルワンダ語、スワヒリ語など

ウガンダの南に位置する小さな内陸国。ベルギーから独立後、フツとツチとの間で、植民地時代の人為的な分断に起因する抗争が激化。現在は平和を取り戻し政情は安定。経済も「アフリカの奇跡」と呼ばれる成長が現在も続いている。国政レベルでの議会で女性の割合が世界一位。野生動物の保護にも努め、絶滅危惧種マウンテンゴリラは数が増加。

010

ブルンジ共和国

首都：ギテガ

人口：1120万人

言語：仏語、ルンジ語など

コンゴ民主の東、ルワンダの南に位置する小さな内陸国。ベルギーから独立後、フツとツチとの間で、植民地時代の人為的な分断を起因とする抗争が激化。和平後も政情が安定せず国内経済は破綻。2018年末に首都をブジュンブラからギテガに移転した。イングランドのプロサッカーリーグで活躍するサイード・ベラヒノ選手はブジュンブラ出身。

011

ソマリア連邦共和国

首都：モガディシュ
人口：1520万人
言語：ソマリ語、アラビア語、英語、イタリア語など

アフリカ大陸の東端、アラビア半島の下に突き出るような形であり、「アフリカの角」と呼ばれている地域の一角。91年のクーデター以降、無政府状態が続いた。国際社会の支援を得て無政府状態は脱したが、テロの発生等政治的な緊張が続く。2007年まで国連親善大使として活躍したスーパーモデルのワリス・ディリーは、ソマリアの遊牧民出身。

012

コモロ連合

首都：モロニ
人口：80万人
言語：仏語、アラビア語、コモロ語など

マダガスカル島とアフリカ大陸の間、インド洋に浮かぶ３つの島からなる国。コモロ諸島４島のうち３島がコモロ共和国として75年にフランスから独立した。グランドコモロ島のカルタラ山は、現在も噴火を繰り返す活火山。バニラやイランイランなどの香料の栽培が盛ん。コモロの人々が「幸せを呼ぶ魚」と言うシーラカンスが生息している。

013

セーシェル共和国

首都：ビクトリア
人口：10万人
言語：英語、仏語、セーシェル・クレオール語など

大小115の島からなり「インド洋の真珠」と呼ばれる。美しいビーチとサンゴ礁を目当てに、ヨーロッパなどから大勢が訪れる。英国ウイリアム王子とキャサリン妃の新婚旅行先として話題になったことも。地元で捕れる魚と米をスパイスで味付けした料理が多い。住民のほとんどはクレオール（ヨーロッパ系、アフリカ系、インド系からの移民の混血）。

014

モーリシャス共和国

首都：ポートルイ
人口：130万人
言語：仏語、モーリシャス・クレオール語、英語など

マダガスカル島の東沖、インド洋に浮かぶ、東京都と同じくらいの面積の小さな島国。美しいビーチとラグーン、サンゴ礁が広がり「インド洋の貴婦人」と呼ばれている。住民の７割がインドからの移民の子孫のため、ヒンディー語やヒンドゥ教などが色濃く残っている。テキスタイルを中心とした製造業、観光業、金融業が経済を支えている。

015

マダガスカル共和国

首都：アンタナナリボ
人口：2630万人
言語：仏語、マダガスカル語など

インド洋に浮かぶ、世界で4番目に大きな島。熱帯雨林、冷涼な中央高地の草原やサバンナなどの変化に富み、そこに生息する動植物も多種多様で島独自の生態系が存在。ワオキツネザルの仲間は約100種類以上いるが、そのすべてがマダガスカルと周辺島しょ部だけで生息。カメレオンもその種類の半分以上がマダガスカルにいる。

016

モザンビーク共和国

首都：マプト
人口：3050万人
言語：ポルトガル語、諸民族語など

南北に細長く、インド洋に面している。ポルトガルからの激しい独立運動を経て75年に独立したものの、反政府勢力との間で内戦が起こり泥沼化。国連PKOなどの仲介により92年和平が成立。現在は、豊富な天然ガス田と石炭などの鉱物資源で、経済的にも急成長している。カオラバッサ・ダムはアフリカ最大の発電能力を持つ水力発電所。

017

マラウイ共和国

首都：リロングウェ
人口：1920万人
言語：英語、チェワ語など

国土の南北に広がるマラウイ湖はアフリカで3番目に大きく、2番目に深い湖。固有の魚が数多く生息している。カバやゾウ、シマウマや水鳥なども多く、生き物たちの楽園のような場所。HIV/AIDSや犯罪が原因で親を亡くした子どもが多く、本書に登場したポレポレハウスのように乳幼児や子どもたちを保護し、教育支援を行っている施設も。

018

ザンビア共和国

首都：ルサカ
人口：1760万人
言語：英語、ベンバ語など

1964年10月24日、東京オリンピック閉会式当日にイギリスから独立を宣言。このため、新しい国名「ザンビア共和国」として入場行進した（オリンピック期間中は「北ローデシア」として出場していた）。国名のザンビアは国内を流れるザンベジ川に由来。バングウェウル湖には「動かない鳥」として人気のハシビロコウが生息している。

019

ジンバブエ共和国

首都：ハラレ
人口：1690万人
言語：英語、ショナ語、ンデベレ語など

地元の人々が「雷鳴轟く水煙」と呼ぶ、巨大なビクトリア滝が有名な内陸国。15世紀ごろに繁栄したジンバブエ王国が国名の由来。豊富な地下資源に支えられ、順調に発展していたが、失政により経済が破綻。貨幣価値が崩壊し、ハイパーインフレを招いた。経済・財政状況の改善を目指し、さまざまな取り組みがなされている。

020

ボツワナ共和国

首都：ハボロネ
人口：230万人
言語：英語、ツワナ語など

世界第2位のダイヤモンド産出国。政情が安定し経済も順調に発展したアフリカでも裕福な国のひとつ。国土のほとんどをカラハリ砂漠とサバンナが占め、ブラウンハイエナやミーアキャットなど珍しい野生動物が数多く生息している。スイカの起源はカラハリ砂漠周辺といわれ、ボツワナには現在でも約300種もの野生種が自生している。

021

エスワティニ王国

首都：ムババネ
人口：140万人
言語：英語、スワティ語など

三方を南アフリカに囲まれた四国より小さな内陸国。2018年に国名をスワジランドから変更した。エスワティニとはスワティ語で「スワティ人の土地」。密猟により野生動物が激減したが、保護政策を実施。ムカヤ動物保護区では復活したクロサイとシロサイを観察できる。2013年にJICAが中学校を建設し、教育による支援を行っている。

022

レソト王国

首都：マセル
人口：230万人
言語：英語、ソト語など

南アフリカにぐるりと囲まれた小さな内陸国。国全体が標高1400m以上の山岳地帯にあり、「アフリカのスイス」と呼ばれる。道路の整備が進まない地域では、ロバや馬を使っての運搬が主流。主な産業は羊や牛の牧畜。豊かなダイヤモンド鉱山を抱える。水が豊富でアフリカ2番目の大きさのカツェ・ダムではマスが養殖され日本へも輸出。

023

南アフリカ共和国

首都：プレトリア

人口：5740万人

言語：英語、アフリカーンス語、ズールー語など

アフリカ大陸の最南端に位置し、インド洋と大西洋に接している。ミナミアフリカオットセイやケープペンギンなど多彩な海洋生物が生息。ダイヤモンドや金などの地下資源に恵まれたアフリカ有数の経済大国。アフリカに自生する植物から作られるルイボスティーが健康茶として人気を集め、日本へも輸出。2010年にFIFAワールドカップを開催。

024

ナミビア共和国

首都：ウィントフック

人口：260万人

言語：英語、クヮニャマ語、ンドンガ語など

戦後の長い年月を独立戦争に費やし、90年に南アフリカから独立。大西洋沿岸には世界最古の砂漠といわれるナミブ砂漠が広がり、内陸にはカラハリ砂漠が広がるなど、雨がほとんど降らないことでも有名。ナミブ砂漠は砂の色が赤い「アプリコット色」のため、とくに日の出・日没前後には、太陽の光であたり一帯が赤く染まり、幻想的。

025

アンゴラ共和国

首都：ルアンダ

人口：3080万人

言語：ポルトガル語、諸民族語など

75年にポルトガルから独立したが主導権争いで国内が3つに分かれて抗争。2002年に和平が結ばれ、その後の政情は安定。豊富な地下資源に支えられ、経済は著しく成長した。首都ルアンダは物価高世界一になったことも！　気候や地形の変化に富み、珍しい動物も多い。長いツノを持つパランカネグラはアンゴラ北部だけに生息している固有種。

026

コンゴ民主共和国

首都：キンシャサ

人口：8400万人

言語：仏語、コンゴ語、リンガラ語、スワヒリ語など

コンゴ盆地に位置し、国土の大半が熱帯雨林で高温多湿。絶滅危惧種ヒガシローランドゴリラや人間に一番近いサル・ボノボ、世界三大珍獣オカピなど、この国にのみ生息が確認されている動物も少なくない。「スタッフ・ベンダ・ビリリ」はストリートチルドレンと路上生活していたポリオ障害者からなるバンドでヨーロッパツアーを行ったことも。

027

コンゴ共和国

首都：ブラザビル

人口：540万人

言語：仏語、リンガラ語など

15世紀に栄えたコンゴ王国をルーツに持つ。フランスから独立後、政情が安定せず内戦が勃発。石油が豊富で経済のほとんどを石油産業に頼っている。絶滅危惧種であるニシローランドゴリラが多数生息。「サップ」というファッショナブルな装いで街を練り歩く「サプール」と呼ばれるグループは、武器を持たずに平和を願うのがモットー。

028

ガボン共和国

首都：リーブルビル

人口：210万人

言語：仏語、ファン語など

ギニア湾に面した熱帯雨林の国。首都のリーブルビルは「自由の町」の意味。仏海軍が1846年に奴隷運搬船を捕獲し、リーブルビルで奴隷を解放したことに由来。奴隷解放の像も建っている。独立後は政情が安定し、豊富な地下資源に支えられ、経済も発展。2008年にはアフリカ開発会議の閣僚級準備会合が開催されるなど日本との関係も深い。

029

赤道ギニア共和国

首都：マラボ

人口：130万人

言語：スペイン語、仏語、ポルトガル語、ファン語、ブビ語など

北にカメルーン、南にガボンと国境を接する大陸部と、ギニア湾に浮かぶ島からなる国。首都マラボはビオコ島にある。油田と天然ガス田が発見され、現在はサブサハラ・アフリカ屈指の産油国になっている。ジャングルには絶滅危惧種のニシローランドゴリラやサタニッククロコロブスというサルの仲間など、貴重な野生動物が生息している。

030

サントメ・プリンシペ民主共和国

首都：サントメ

人口：20万人

言語：ポルトガル語、サントーメ・クレオール語など

ギニア湾のガボン沖に浮かぶ、サントメ島とプリンシペ島の小さな島からなる国。かつては無人島だったが、15世紀の大航海時代にポルトガル人が入植。奴隷貿易の中継地として発展した歴史を持つ。近年、海底油田が発見され経済発展が期待されている。岩山ピコ・カン・グランデの麓に広がる原生林では、約100種の島固有の植物が自生。

031

カメルーン共和国

首都：ヤウンデ

人口：2470万人

言語：仏語、英語、
カメルーン・ピジン語など

250以上の民族からなる国。独立以来、政情が安定し経済も発展。石油やカカオ豆が主な産業。サッカーはFIFAワールドカップに7回出場の強豪国。南部のジャングルでは狩猟採集民族バカが暮らしていたり、絶滅危惧種の霊長類が生息。植民地時代に宗主国による直接統治が届きにくかった西部や北部には、伝統的な文化を維持する王国が存在。

032

中央アフリカ共和国

首都：バンギ

人口：470万人

言語：仏語、サンゴ語など

国名のとおりアフリカ大陸のほぼ中央に位置する内陸国。高温多湿の熱帯雨林と乾燥したサバンナの境目にあるため、植生がゆたかで、レイヨウの仲間のボンゴなど貴重な動物も数多く生息。政情が安定せず紛争も絶えない。紛争の資金源にツノやキバを狙った密猟が多発した結果、アフリカゾウは数が激減、クロサイは絶滅状態に陥っている。

033

チャド共和国

首都：ンジャメナ

人口：1540万人

言語：仏語、
チャド・アラビア語など

サハラ砂漠の南に位置する内陸国。チャドとは湖の意味で、7000年前に33万㎢あった巨大湖が国名の由来。現在のチャド湖は、とりまく環境の変化により水量が激減している。東部のエネディ山地にあるアルシェイゲルタと呼ばれる泉は、サハラ砂漠が緑地だった先史時代から生息し続ける生き物の宝庫で、貴重なデザートクロコダイルも生息。

034

ニジェール共和国

首都：ニアメ

人口：2230万人

言語：仏語、ハウサ語、
ソンガイ＝ザルマ語など

サハラ砂漠の南東、ニジェール川の流域に位置する内陸国。世界有数のウランの産地。2011年の「アラブの春」の影響でリビアの崩壊後、さらにイスラム過激派が国外から流入するなど治安の悪化も深刻化。アイル砂漠では、青い民族衣装を着てラクダのキャラバンを率いて交易するトゥアレグの人々が暮らしている。主な宗教はイスラム教。

038

ガーナ共和国

首都：アクラ
人口：2950万人
言語：英語、アカン語、ガ語など

野口英世が黄熱病の研究で訪れた地。日本政府が建てた野口記念医学研究所があり伝染病の研究が続けられている。国土の3.6%を占める世界最大の人造湖、ヴォルダ湖はアコソンボ・ダムの建設により出現した。このダムの水力発電でつくられる電力は周辺国に売られ、貴重な産業となっている。2007年に油田が発見され世界から注目されている。

037

トーゴ共和国

首都：ロメ
人口：800万人
言語：仏語、エウェ語など

ギニア湾に面し、南北に細長い小さな国。他のアフリカ諸国と同様に、地域によって気候だけでなく文化も民族も異なっている。政情は安定しており、東日本大震災の際には大量の木材を送ってくれるなど日本との関係も親密。ユネスコの「創造都市ネットワーク」クラフト＆フォークアート分野に、第2の都市ソコデの伝統織物が選ばれている。

036

ベナン共和国

首都：ポルトノボ
人口：1150万人
言語：仏語、フォン語、ヨルバ語など

17世紀に奴隷貿易で栄えたダホメ王国がルーツ。ギニア湾に近いノコウエ湖上には、奴隷狩りから逃れるために作られた集落がある。ガンヴィエと呼ばれる、この水上集落は世界遺産に認定され、現在でも数万人が生活。住宅だけでなく学校や病院、銀行など通常の街と同じ機能を持つ。ブードゥー教発祥の地。主な宗教はキリスト教。

035

ナイジェリア連邦共和国

首都：アブジャ
人口：1億9590万人
言語：英語、ハウサ語、ナイジェリア・ピジン語、ヨルバ語、イボ語など

ニジェールの南、ギニア湾に面したアフリカ最大の産油国でアフリカ最大の経済規模を誇る。国名は「ニジェール川」の英語読みが由来。教育水準も高く、アートや音楽などの芸術面でも成熟しているといわれ「ノリウッド」と呼ばれる映画産業も盛ん。近年は北東部においてイスラム過激派組織ボコ・ハラムのテロ破壊活動が活発化している。

042

シエラレオネ共和国

首都：フリータウン

人口：770万人

言語：英語、メンデ語、テムネ語など

大西洋に面した北海道ほどの面積の小さな国。ダイヤモンドなど鉱物資源が豊富。イギリスからの独立後、利権をめぐりクーデターが続いた。91年には反政府勢力がダイヤモンド鉱山を占拠し内戦が勃発。多数の死者や難民を出し、国土は荒廃した。現在、政情は安定し治安は回復の傾向にある。絶滅危惧種のダイアナモンキーが生息している。

041

リベリア共和国

首都：モンロビア

人口：490万人

言語：英語、リベリア・クレオール語など

1847年にアメリカ合衆国の解放奴隷（自由になった奴隷）が建国。リベリアは「自由」を意味する英語から。移住してきた解放奴隷と先住民との対立が根強く、89年に内戦に発展。国連PKOの介入で2003年に和平が成立した。サポ国立公園は熱帯の原生林で絶滅危惧種の宝庫。内戦で壊滅的被害を受けたが、急速に再建が進められている。

040

コートジボワール共和国

首都：ヤムスクロ

人口：2490万人

言語：仏語、アニ語、バウレ語、ベテ語、ジュラ語など

ガーナの西、ブルキナファソの南に位置し、多様な民族を抱える。コートジボワールとはフランス語で「象牙海岸」のこと。15世紀の大航海時代に象牙貿易の拠点として繁栄したことに由来。農業が盛んでカカオの生産量は世界一、コーヒーの生産量は西アフリカ一を誇る。タイ国立公園には絶滅危惧種コビトカバが生息している。

039

ブルキナファソ

首都：ワガドゥグ

人口：1980万人

言語：仏語、ジュラ語、モシ語、フルフルデ語、フラ語、グルマンチェ語など

周囲を6か国と接する内陸国。国土のほとんどが乾燥していて綿花栽培やシアバターづくりが盛ん。ブルキナファソとは「公明正大な人の国」の意味。第5代大統領のトマ・サンカラが名付けた。汚職や腐敗を排除し平等を求めたサンカラ大統領は「アフリカのチェ・ゲバラ」と呼ばれ、亡くなったいまでも国民から慕われている。

043

ギニア共和国

首都：コナクリ

人口：1310 万人

言語：仏語、フルベ語、
マリンケ語、スス語、フラ語など

初代大統領となるセク・トゥーレが主導し、58年に他のアフリカ諸国に先んじて、フランスから独立を獲得するが、急進的な反西欧的政策により近代化が大幅に遅れた。近年やっと政情が安定し、民主国家として歩み始めた。ギニアの国土基本図（地図）は、日本人の本島建三率いる測量隊が全土を歩き、5年がかりで完成させたもの。

044

ギニアビサウ共和国

首都：ビサウ

人口：190 万人

言語：ポルトガル語、
バランタ語、フラ語、
ポルトガル・クレオール語など

大西洋に面した熱帯気候の小さな国。政情が安定せず経済が疲弊し、貧困に苦しむ人が多い。輸出品の多数を占めているのがカシューナッツ。同じ旧ポルトガル領であることから、ブラジル文化の影響も強く、首都ビサウでは、リオのカーニバルと同じ日に、カーニバルが開催されている。絶滅危惧種アフリカマナティが生息している。

045

ガンビア共和国

首都：バンジュール

人口：220 万人

言語：英語、マンディンゴ語、
ウォロフ語など

ガンビア川に沿った細長い国で三方をセネガルに囲まれている。両国とも、もとは文化的歴史的背景を共有する地域だったが、植民地時代に分断され、現在に至っている。とはいえ、ガンビアの日常的な経済活動はセネガルと密接にかかわっており、2019年1月には長年の悲願であった、ガンビアとセネガルをつなぐ「セネガンビア橋」が開通した。

046

カーボベルデ共和国

首都：プライア

人口：60 万人

言語：ポルトガル語、
カーボベルデ・クレオール語など

セネガルとモーリタニアの沖、大西洋に浮かぶ15の島からなる国。農業と漁業、観光業が盛ん。カーボベルデとポルトガルが融合した独自の文化が発達。国民的歌手の故セザリア・エヴォラは、モルナと呼ばれる民謡の歌い手で、「裸足の歌姫」と称される。その歌声は多くの人を惹きつけ、世界的人気を集めた。2003年にグラミー賞を受賞。

050

モロッコ王国

首都：ラバト	
人口：3620万人	
言語：アラビア語、ベルベル語、仏語など	

アフリカ大陸の西、地中海と大西洋に面している。カサブランカやフェス、マラケシュなどの旧市街は迷路のような街並みで観光客が大勢訪れている。アルガンオイルやローズウォーターが特産。タコ漁が盛んで、日本へ数多く輸出されている。西サハラの旧モーリタニア領をめぐり、西サハラ独立を目指すポリサリオ戦線と対立している。

049

モーリタニア・イスラム共和国

首都：ヌアクショット	
人口：450万人	
言語：アラビア語、プラール語、ソニンケ語、ウォロフ語、仏語など	

タコの輸出国として日本でおなじみの国。国土の90%を砂漠が占める。ユネスコの世界自然遺産に認定されているバンダルガン岩礁国立公園は、半分が海域で絶滅危惧種のチチュウカイモンクアザラシが生息。また西アフリカで最も重要な鳥類の繁殖地・越冬地でもあり、約700万羽の渡り鳥が飛来し、そのうち300万羽がここで越冬している。

048

マリ共和国

首都：バマコ	
人口：1910万人	
言語：仏語、バンバラ語など	

国土の大半がサハラ砂漠の内陸国。15世紀に金の交易で栄えたマリ王国がルーツ。マリとはカバの意味。バンディアガラの崖沿いに暮らすドゴンの人は、神話に基づいた伝統的な生活を守る先住民族。本書の主人公レオナが感銘を受けた、お面をかぶりピンクの民族衣装を着て踊るドゴンダンスは、死者の魂をなぐさめ鎮める宗教儀礼。

047

セネガル共和国

首都：ダカール	
人口：1630万人	
言語：仏語、ウォロフ語、フラ語、フルベ語など	

もてなし助け合うという意味の「テランガ」を尊ぶ国民性らしく、平和で民主的。西アフリカの文化の中心的な位置を占める。本書に登場の太鼓サバールを奏でる人は、国の宝といわれた故ドゥードゥー・ンジャイ・ローズさんがモデル。塩湖であるレトバ湖は「ラック・ローズ」とも呼ばれ、水温が下がる乾季には湖面がピンク色に染まる。

051

アルジェリア民主人民共和国

首都：アルジェ

人口：4200万人

言語：アラビア語、ベルベル語、仏語など

モロッコの東、地中海に面したアフリカ最大の国。石油や天然ガス、鉄鉱石などの地下資源が豊富。歴史的文化的にも古い都市が多く、円形劇場や大浴場などのローマ都市遺跡が残るジェミラ、1万2000年前に描かれた壁画が残るタッシリ・ナジェール、紀元前3世紀ごろに渓谷沿いの岩の上に築かれた町がルーツのコンスタンティーヌなどなど。

052

チュニジア共和国

首都：チュニス

人口：1170万人

言語：アラビア語、仏語など

イタリアのシチリア島南西に位置し、フェニキア人がつくった都市国家カルタゴがルーツ。地中海貿易の拠点として古くからヨーロッパとの交易で発展してきた。ローマ帝国やビザンツ帝国の支配ののち、7世紀にウマイヤ朝によりイスラム化した。2011年のジャスミン革命が「アラブの春」として周辺国に伝播。民主化への移行を達成した。

053

リビア

首都：トリポリ

人口：650万人

言語：アラビア語など

国土の大半はリビア砂漠とサハラ砂漠で、サハラ砂漠最大のオアシスのひとつ、「水の母」という名の塩水湖ウンメルマー湖がある。豊富な石油資源により経済は発達。チュニジアに端を発する「アラブの春」が波及し、カダフィ政権が崩壊。民主化へ進み始めたが政情不安定。リビアヤマネコは、世界で飼育されている家猫の祖といわれている。

054

エジプト・アラブ共和国

首都：カイロ

人口：9940万人

言語：アラビア語など

世界四大文明のひとつ、エジプト文明発祥の地。ナイル川流域の肥沃な大地が繁栄をもたらした。ピラミッドやスフィンクス、ツタンカーメンの黄金のマスクなどが有名。地中海と紅海に面しており、古くからヨーロッパや中東との交易も盛ん。国名に「アラブ」とつくように汎アラブ主義の中心地であり、首都カイロにはアラブ連盟の本部がある。

mudef（ミューデフ）

MISIAと大宮エリーらが理事をつとめる一般財団法人。mudefとは、music design foundationからうまれた造語。2007年に初めてケニアを訪れたMISIAが、「音楽とアートを通じて社会活動をしていきたい」と決意したのをきっかけに、繋がりのあるアーティストとともに2010年に設立。現在では、賛同した多くの著名人が、子どもたちのために、未来の地球のために、さまざまな活動を行っている。
http://www.mudef.net

監　修　早川千晶
企　画　谷川寛人
装　丁　池田紀久江
原画複写　原田圭介
校　閲　安藤尚子
編　集　吉川亜香子

アフリカ54か国紹介

監修
市野進一郎（京都大学アフリカ地域研究資料センター）、井手上和代（立命館大学）、小田淳一（東京外国語大学アジア・アフリカ言語文化研究所）、神谷俊郎（京都大学URA）、榮谷温子（慶應義塾大学ほか）、品川大輔（東京外国語大学アジア・アフリカ言語文化研究所）、清水貴夫（京都精華大学）、仲尾周一郎（大阪大学）、花渕馨也（北海道医療大学）、林耕次（総合地球環境学研究所）、米田信子（大阪大学）、若狭基道（跡見学園女子大学ほか）

協力
外務省第7回アフリカ開発会議（TICAD7）事務局

参考資料
外務省ウェブサイト（アフリカ）、『日本とアフリカ』（外務省）、『DOOR－208の国と地域がわかる国際理解地図―③アフリカ』（地図情報センター／帝国書院）、平野克己『図解未知の大陸 アフリカ完全読本』（綜合図書）

＊各国の人口については外務省発行の冊子『日本とアフリカ』より引用

ハートのレオナ

著　者　MISIA
　　　　大宮エリー

編集人　寺田文一
発行人　倉次辰男
発行所　株式会社主婦と生活社
〒104-8357　東京都中央区京橋3-5-7
編集代表　tel 03-3563-5194
販売代表　tel 03-3563-5121
生産代表　tel 03-3563-5125
http://www.shufu.co.jp
印刷所・製本所　大日本印刷株式会社

ISBN978-4-391-15344-6